En la cancha

LOS GRANDES MOMENTOS DEL FÚTBOL

MEGAN COOLEY PETERSON

BLACK
RABBIT
BOOKS

Bolt es una publicación de Black Rabbit Books
P.O. Box 3263, Mankato, Minnesota, 56002.
www.blackrabbitbooks.com
Copyright © 2018 Black Rabbit Books

Marysa Storm, editora; Michael Sellner,
diseñadora; Omay Ayres, investigación fotográfica
Traducción de Victory Productions, www.victoryprd.com

Información del Catálogo de publicaciones de la Biblioteca del Congreso
Names: Peterson, Megan Cooley, author.
Title: Los grandes momentos del fútbol / por Megan Cooley Peterson.
Other titles: Soccer's Biggest Moments. Spanish
Description: Mankato, Minn. : Black Rabbit Books, 2018. | Series: Bolt. En la
cancha | Includes bibliographical references and index. | Audience: Age
9-12. | Audience: Grade 4 to 6.
Identifiers: LCCN 2017006371 | ISBN 9781680725681 (library binding)
Subjects: LCSH: Soccer--History--Juvenile literature. |
Soccer--Records--Juvenile literature. | World Cup (Soccer)--Juvenile
literature.
Classification: LCC GV943.25 P47818 2018 | DDC 796.334--dc23
LC record available at https://lccn.loc.gov/2017006371

Impreso en los Estados Unidos de América

Créditos de las imágenes
Alamy: Action Plus Sports Images,
1,16, Contraportada; EPA, 19; epa european
pressphoto agency b.v., 21 (jugadores); Roger Bacon
/ REUTERS, 23 (Maradona); Getty Images: Bob Thomas/
Popperfoto, 15; DIBYANGSHU SARKAR, 9; Javier Soriano,
Portada, 24–25; iStock: Dmytro Aksonov, 10–11 (jugador y
cancha); Newscom: LIBOR HAJSKY/EPA, 12; Mirrorpix, 29; PICS
UNITED/PRESSE SPORTS 782/Pics United/Icon SMI, 4–5; picture-
alliance / dpa, 6–7 (jugador); Shutterstock: Krivosheev Vitaly, 3,
19 (inferior), 21 (imagen de fondo); makeitdouble, 13; phoelixDE,
22–23 (cancha); Rob Wilson, 6 (trofeo); SSSCCC, 31; Vectomart,
10–11 (balones), 21 (balones), 22–23 (balones), 26 (balón), 32;
USA Today Sports: Vincent Carchietta, 26–27 (imagen de fondo)

Se ha hecho todo esfuerzo posible para establecer
contacto con los titulares de los derechos de autor del
material reproducido en este libro. Cualquier
omisión será rectificada en impresiones
posteriores previo aviso a la editorial.

Contenido

CAPÍTULO 1

Haciendo
historia

El brasileño Pelé corre a toda velocidad por el campo de juego. Se sacude a dos **defensores**. Luego le da un **cabezazo** al balón de fútbol. El balón sale disparado hacia la meta. ¡Gol!

Un gran marcador

Pelé marcó dos goles en la final de la **Copa Mundial**. de 1958. Tenía 17 años. Él ayudó a Brasil a vencer a Suecia. Esta fue la primera victoria de Brasil en la Copa Mundial.

Los jugadores y los equipos hacen historia con victorias y jugadas deslumbrantes. Aprende sobre algunos de los grandes momentos del fútbol.

· ·

Pelé es el jugador más joven en anotar un gol en la Copa Mundial.

CAPÍTULO 2

Jugadas que

cambien el juego

A los aficionados del fútbol les encantan las jugadas que cambian el juego. En 1995, el guardameta René Higuita emocionó a los aficionados. Un jugador trató de patear el balón por encima de la cabeza de Higuita. Higuita saltó ¡y pateó el balón con los talones! Esta maniobra, llamada la jugada del escorpión, impidió el gol.

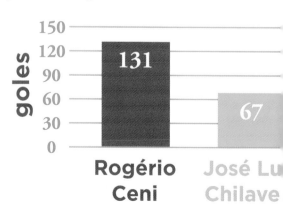

8

Porteros con más goles anotados

os guardametas paran los goles. Ellos no suelen anotarlos. Pero algunos guardametas detienen y hacen goles.

42	41	39
imitar ankov	**René Higuita**	Johnny Vegas Fernández

Paso 1

Patea la esquina
inferior derecha
del balón.
El balón gira.

El efecto banana

En 1997, el brasileño Roberto Carlos ejecutó un gol imposible, con un efecto llamado el efecto banana. Pocos futbolistas pueden lograr esta jugada.

Paso 2

El balón se abre a la derecha de la defensa. Parece que se fuera a salir de la línea de juego.

Paso 3

La presión alta del aire empuja el balón hacia la izquierda.

¡Gol!

El penal de Panenka

Checoslovaquia y Alemania Occidental estaban empatados en la final del Campeonato Europeo de 1976. Los oficiales anunciaron una **tanda de penales**.

Antonín Panenka debía hacer el tiro final de Checoslovaquia. En vez de patear con fuerza el balón, lo pateó suavemente. Confundido por la jugada, el guardameta se lanzó hacia el lado equivocado. El balón salió volando y cayó dentro de la malla. Los futbolistas todavía usan esta jugada.

El regate de Cruyff

El futbolista holandés Johan Cruyff confundió a muchos defensores. Él fingía que pateaba el balón. Luego lo empujaba hacia atrás. El defensor se movía en una dirección. Cruyff y el balón se iban en la dirección opuesta.

Cruyff usó esta jugada por primera vez en la Copa Mundial de 1974.

CAPÍTULO 3

Por  amor al fútbol

El fútbol puede unir a las personas. En 1967, Nigeria estaba en medio de una guerra civil. Pelé fue allá para jugar un partido. Los soldados acordaron un **cese al fuego** de 48 horas para verlo jugar.

África

Nigeria

17

Un juego en prisión

A mediados del siglo XX, algunos sudafricanos lucharon contra la **segregación**. Muchos de ellos fueron arrestados. Fueron enviados a la prisión de Robben Island. El reglamento de la **FIFA** era uno de los pocos libros que había en la biblioteca de la prisión. Los presos querían jugar al fútbol. Los guardias los castigaron por pedir permiso para jugar.

En 1966, las autoridades los dejaron jugar fútbol por primera vez. Jugar fútbol hizo la vida más fácil para los prisioneros.

Hoy en día, los prisioneros todavía juegan fútbol en Sudáfrica.

CAPÍTULO 4

Grandes victorias

y grandes derrotas

Victorias sorprendentes. Derrotas demoledoras. Los más grandes partidos de fútbol son tema de discusión mucho después del último gol.

Las mayores GOLEADAS del fútbol

El fútbol no suele ser un juego de muchas anotaciones. Estos partidos nunca serán olvidados.

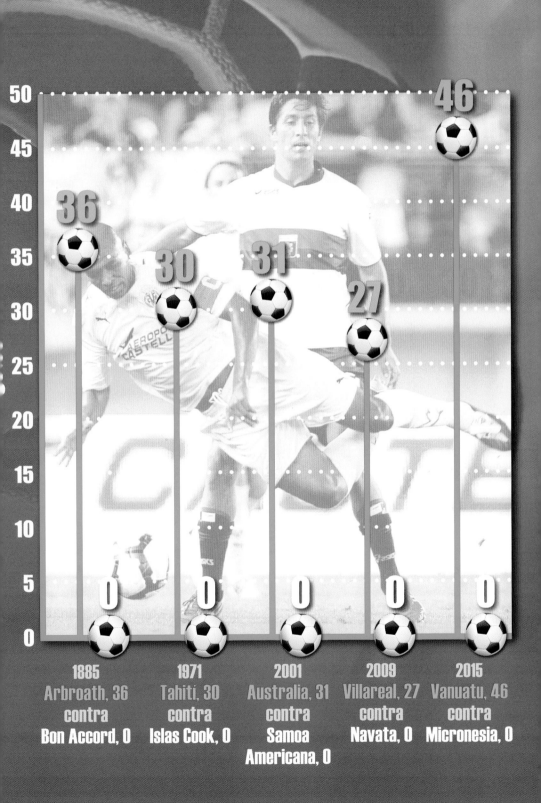

50

46

45

40

36

35

31

30

30

27

25

20

15

10

5

0   0   0   0   0

1885	1971	2001	2009	2015
Arbroath, 36	Tahiti, 30	Australia, 31	Villareal, 27	Vanuatu, 46
contra	contra	contra	contra	contra
Bon Accord, 0	Islas Cook, 0	Samoa Americana, 0	Navata, 0	Micronesia, 0

LA MAGIA DE MARADONA

Argentina derrotó a Inglaterra 2-1 durante la Copa Mundial de 1986. El argentino Diego Maradona eludió con regates a cinco defensores para marcar un gol. Algunos aficionados lo llaman el mejor gol individual de todos los tiempos.

Diego Maradona

Jugadores ingleses

10

Número
de camiseta

Aplausos de pie

Los aficionados rara vez animan a los equipos o jugadores **contrarios**. En el 2005, los defensores del Real Madrid no pudieron detener a Ronaldinho del Barcelona. Él anotó dos goles. Barcelona ganó 3–0. Los aficionados del Real Madrid se pusieron de pie y aplaudieron a Ronaldinho.

Los grandes momentos de la Copa Mundial

1930

1970

Uruguay gana
la primera
Copa Mundial.
El equipo le ganó
a Argentina 4-2.

Brasil gana su tercer
Copa Mundial.
Se convierte en la
primera nación en
ganarla tres veces.

Estados Unidos gana la primera Copa Mundial femenina de la historia.

Brasil alcanza un récord con su quinta Copa Mundial masculina.

1991

1994

2002

2015

Ni Brasil ni Italia marcan goles en su partido. Por primera vez se decide el ganador del fútbol masculino con una tanda de penales. Brasil gana 3-2.

El equipo femenino de Estados Unidos alcanza un récord con su tercera Copa Mundial.

¿Qué es un gol?

El inglés Geoff Hurst pateó el balón
hacia la portería en la Copa Mundial
de 1966. El balón golpeó el **travesaño**.
Apenas si cruzó la línea de gol.
Inglaterra ganó 4-2 contra Alemania.
Los alemanes todavía se preguntan si
el gol de Hurst debió ser válido.

Desde el tiro de Hurst hasta
las Copas Mundiales de Brasil, el
fútbol ha tenido muchos momentos
importantes. Los aficionados del fútbol
están ansiosos por saber qué sucederá
más adelante.

cabezazo — golpear el balón con la cabeza

cese al fuego — el final de una batalla sin que ningún lado sea declarado ganador

contrario — opuesto o rival

Copa Mundial —competencia de fútbol que se lleva a cabo cada cuatro años y en la que compiten equipos de todo el mundo.

defensor —jugador que trata de impedir que el otro equipo marque goles.

FIFA — organización que controla el fútbol a nivel mundial; FIFA son las siglas en francés de la Federación Internacional de Fútbol Asociación.

penal —castigo por romper las reglas; también llamado penalti

regate —empujar el balón pateándolo con los pies

segregación —mantener separadas ciertas razas o religiones

tanda de penales —método para romper el empate en un juego al final del sobretiempo

travesaño —barra horizontal que conecta por arriba los dos postes de la portería

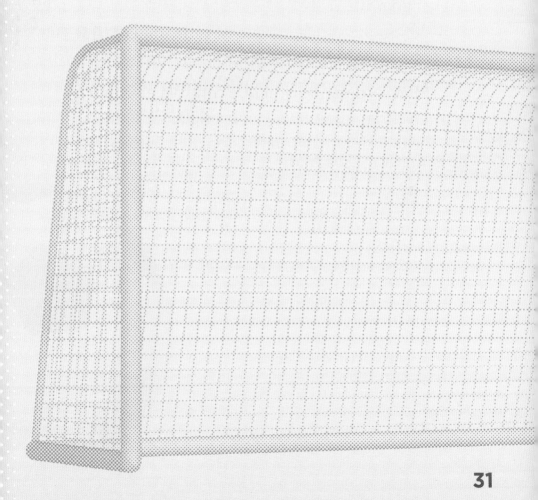